¡Saludos, camiones de remolque!

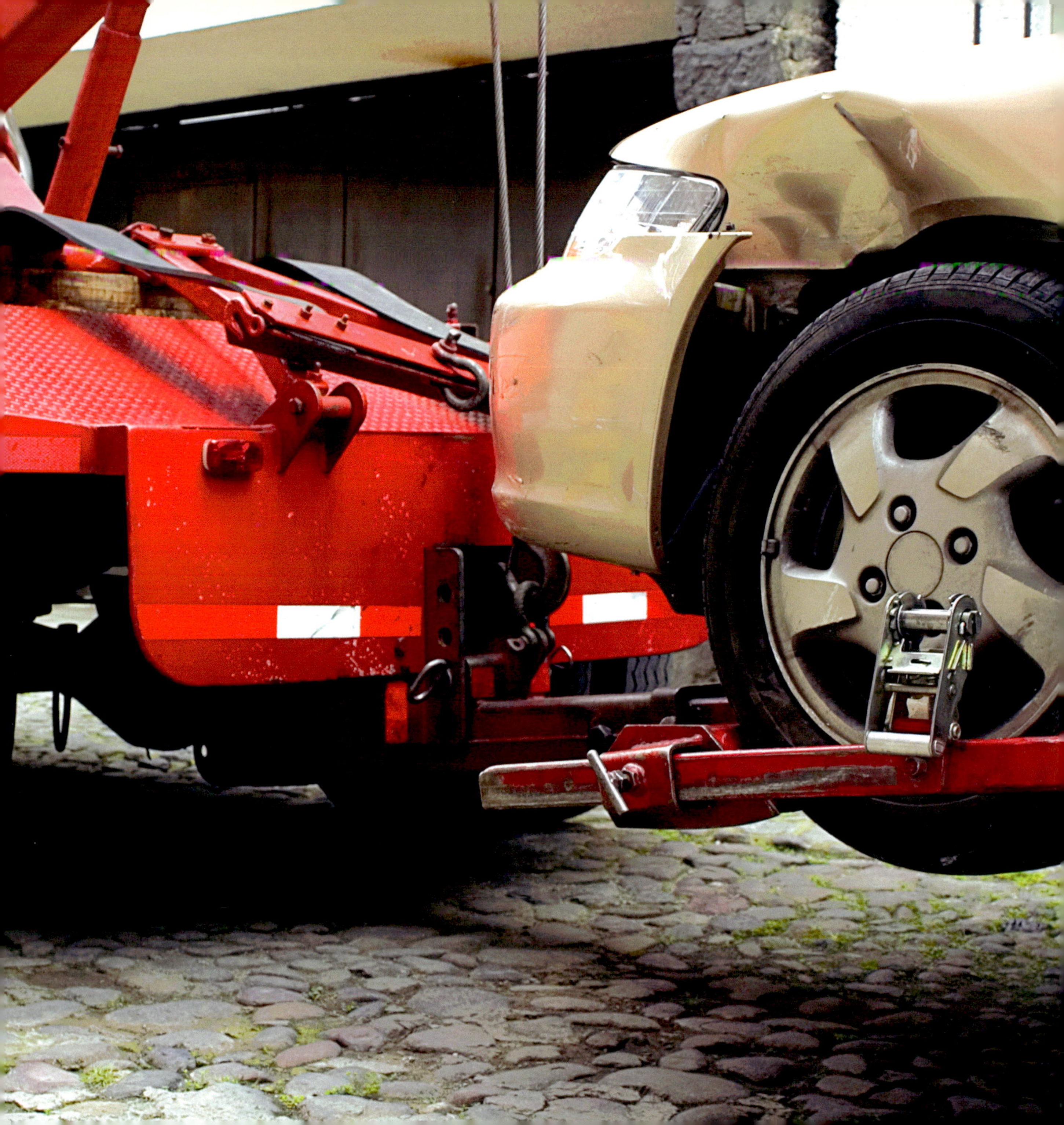

MARAVILLAS VEHÍCULOS 34

LOS CAMIONES DE REMOLQUE

KATE RIGGS

CREATIVE EDUCATION | CREATIVE PAPERBACKS

¿PUEDO AYUDAR?

Índice

Publicado por Creative Education y Creative Paperbacks
P.O. Box 227, Mankato, Minnesota 56002
Creative Education y Creative Paperbacks
son sellos editoriales de The Creative Company
www.thecreativecompany.us

Diseño de Graham Morgan
Dirección artística de Blue Design (www.bluedes.com)

Imágenes de Alamy/ASP/YPP, 24, B Christopher, 11, Christopher Kimmel, 8-9; Dreamstime/Edwin Verin, 4, Ivan Mahileuchyk, portada (derecha), Robert Crum, 17, Seagames50, portada (izquierda); Getty Images/abalcazar, 2, kozmoat98, 3, 20-21, leezsnow, 13, njpPhoto, 23, Richard Hamilton Smith, portada (centro), 1, Terryfic3D, 16; Shutterstock/alexander briel perez, 14-15, Baloncici, 18-19, ThamKC, 6-7

Library of Congress Cataloging-in-Publication Data
Names: Riggs, Kate, author.
Title: Los camiones de remolque / by Kate Riggs.
Other titles: Tow trucks. Spanish
Description: Mankato, Minnesota : Creative Education and Creative Paperbacks, [2025] | Series: Maravillas | Includes index. | Audience: Ages 4-7 | Audience: Grades K-1 | Summary: "An engine-revving introduction to tow trucks, this transportation book for beginning readers features eye-catching photographs, humorous captions, and basic facts about the vehicle-hauling machines. This Spanish text includes a labeled vehicle guide, glossary, and index"-- Provided by publisher.
Identifiers: LCCN 2024021864 (print) | LCCN 2024021865 (ebook) | ISBN 9798889895305 (library binding) | ISBN 9781682777299 (paperback) | ISBN 9798889895367 (ebook)
Subjects: LCSH: Wreckers (Vehicles)--Juvenile literature. | Automobiles--Towing--Juvenile literature. | CYAC: Wreckers (Vehicles) | LCGFT: Instructional and educational works.
Classification: LCC TL230.5.W74 R5418 2025 (print) | LCC TL230.5.W74 (ebook) | DDC 629.225--dc23/eng/20240605
LC record available at https://lccn.loc.gov/2024021864
LC ebook record available at https://lccn.loc.gov/2024021865

Impreso en China

Los camiones de remolque ayudan a otros vehículos. Llevan los que no funcionan a arreglar. Los transportan a otros lugares.

ME EQUIVOQUÉ DE GIRO.
¡NO TE PREOCUPES!

Muchos camiones de remolque tienen un **brazo** móvil. En la el brazo hay un cabrestante. Este tira o levanta objetos pesados.

Algunos camiones de remolque levantan los coches por las ruedas. Un yugo metálico se cabe bajo las ruedas.

LOS YUGOS PUEDEN BAJARSE HASTA EL SUELO.

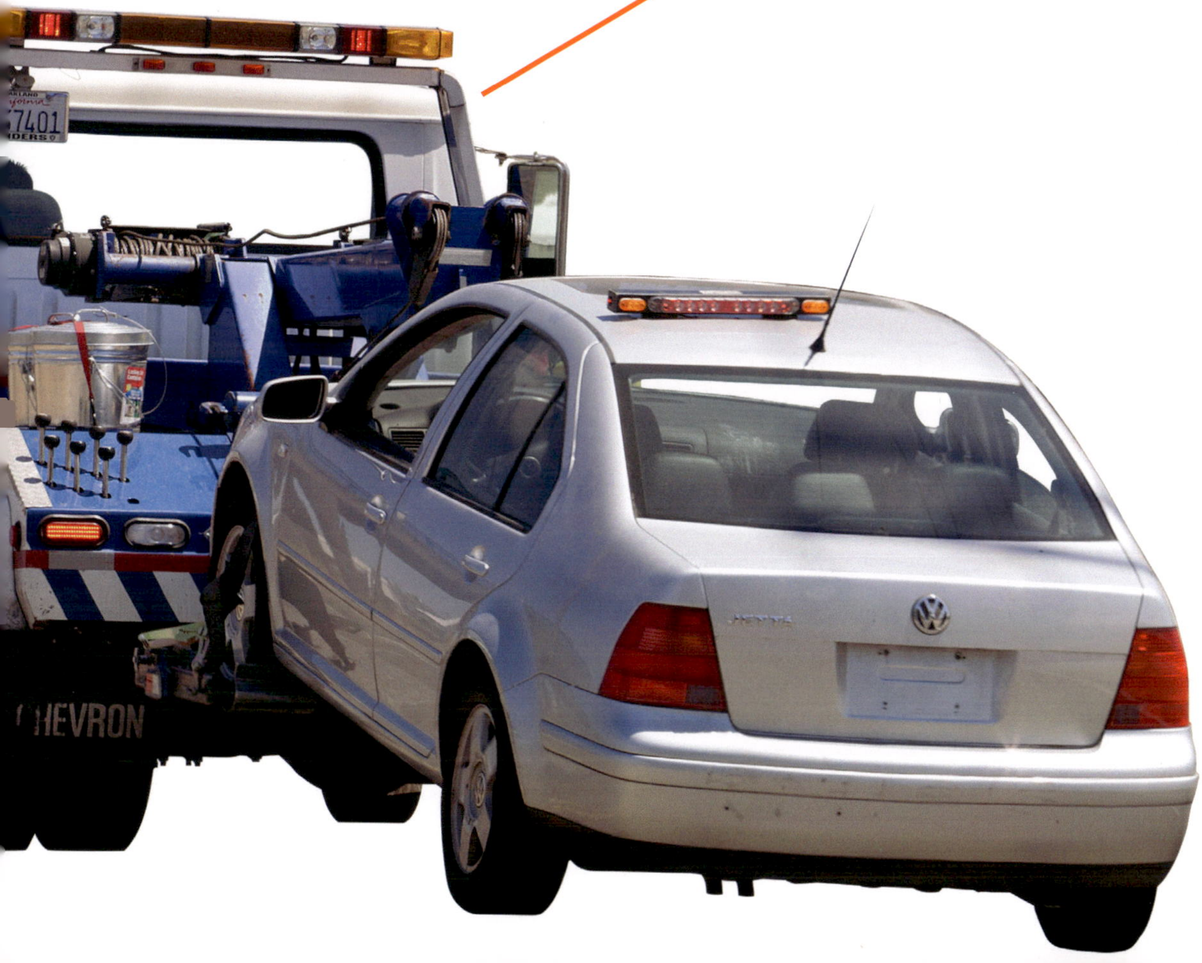

El conductor está sentado dentro del camión. Sale para enganchar un coche a su camión.

¡ESO PARECE QUE DUELE!

LOS CAMIONES DE PLATAFORMA SON LOS MÁS FÁCILES DE CONDUCIR.

Un camión de remolque puede tener un brazo y un elevador de ruedas. O puede tener una **plataforma**.

Los camiones de remolque encuentran vehículos en problemas. Ayudan en accidentes. Sacan coches de las zanjas.

¡Adiós, camiones de remolque!

[Imagina un camión de remolque]

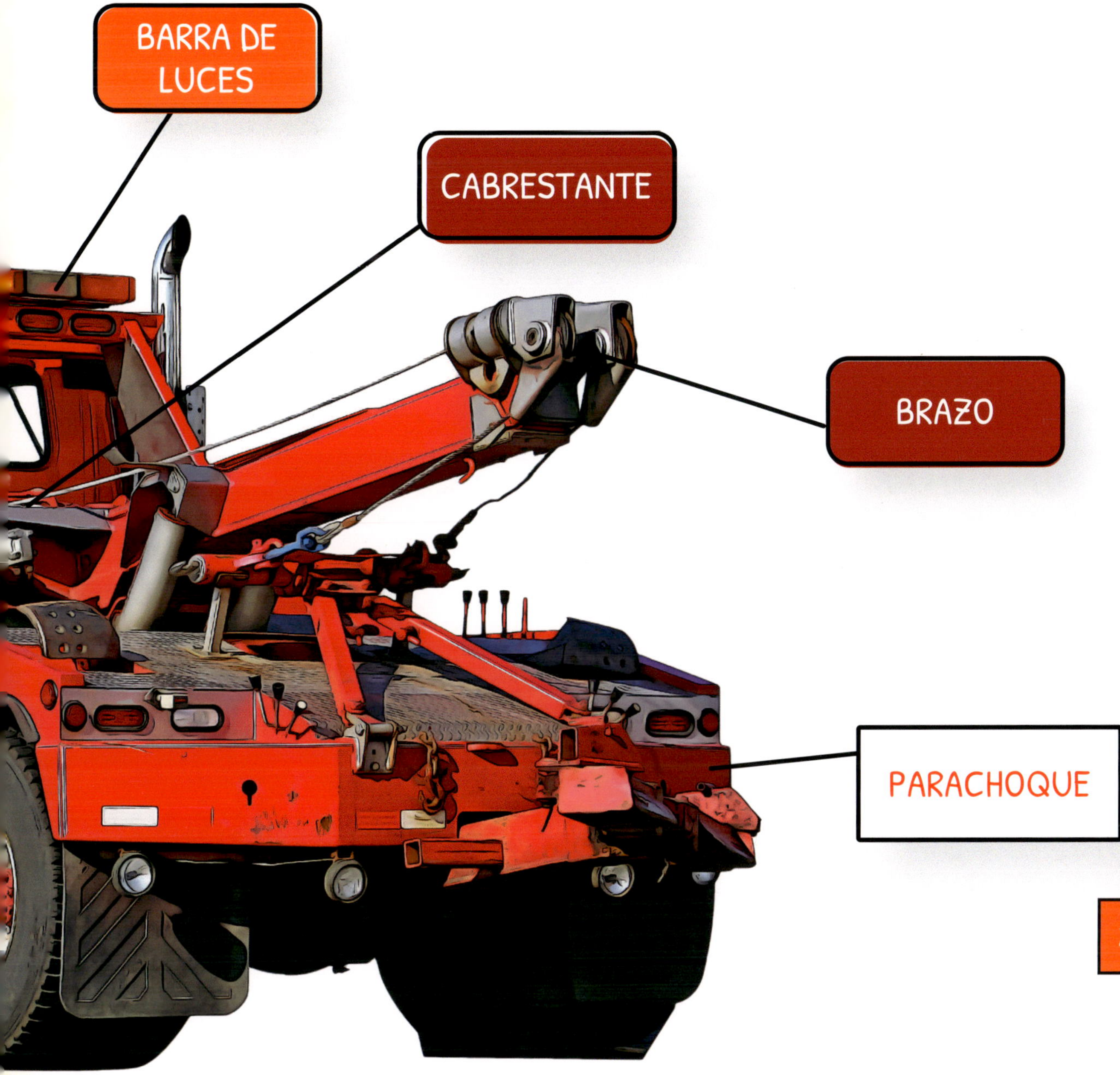
BARRA DE LUCES
CABRESTANTE
BRAZO
PARACHOQUE

PALABRAS QUE DEBES CONOCER

brazo: una parte extendida que levanta

plataforma: una zona plana que transporta cargas

yugo: un travesaño que se coloca bajo las ruedas de un coche para levantarlo

Ford
WASHINGTON
B60029C
EVERGREEN STATE

ÍNDICE